"Streamingdienst, Obststand, Wegesrand: Ich kaufe eine bittere Frucht mit Stacheln, die es in Wirklichkeit nicht gibt."

REVÜ Flugblatt für Cinephilie

Ausgabe 2 - Filmzeitschrift
Erschienen München, April 2021.

Gestaltung: Lili Paula Avar
Lektorat: Maria Kimmel
Coverfoto: Besprochene Filmszene aus *Attenberg*.
ISBN 978-3-9823086-0-9

VORWORT

Egal wie motiviert wir sind, wir werden in unserem Leben nur einen Bruchteil aller existierenden Filme sehen können. Und die Auswahl ist enorm, da die Zugänglichkeit und der Vertrieb von Bewegtbild in den letzten Jahrzehnten immer weiter zugenommen haben.
Nur ein Beispiel ist der südkoreanische Film: Bis Anfang der 2000er war er auf europäischen Filmfestivals so gut wie nicht vertreten. Inzwischen laufen Filme und Serien aus Südkorea weltweit. So hat beispielsweise *Parasite* nicht nur den Oscar für den besten ausländischen Film, sondern auch in der Kategorie Bester Film abgeräumt, der sonst meist amerikanischen Produktionen vorenthalten war.
Unabhängig von Filmfestivals ist es auch die digitale Welt, mit einer ständig wachsenden Anzahl an Streamingplattformen, die uns Zugriff auf Filme und Serien aus verschiedensten Kulturen und Zeiten ermöglicht.
Wie tritt man als Gesellschaft in einen Dialog, über die vielen verschiedenen Dinge, die man ansieht?
Eine Möglichkeit sind Rankings, Bestenlisten und Kanons.

Indem man einen Filmkanon erstellt, möchte man die unglaubliche Anzahl an existierenden Filmen auf eine Gruppe von essenziellen Filmen reduzieren. Der Anspruch ist, dass diese Filme Meisterwerke sind, die ihre Zeit überdauern werden und das Medium nachhaltig prägen. Eine Liste, die wie ein Kanon auftritt, ist zum Beispiel die der *Sight and Sound* (die Filmzeitschrift des British Film Institute), die sich großspurig „The 100 Best Films of All Times" nennt. Diese Liste entsteht aus den Schnittpunkten von 846 Kritiker*innen, Redakteur*innen, Akademiker*innen und Verleiher*innen plus 385 Filmschaffenden, die nach ihrer persönlichen Bestenliste befragt wurden. Die Platzierung der Filme ergibt sich aus der Häufigkeit ihrer Nennung. Die Auswertung ist also qualitativ und quantitativ.

Damit es ein Film in einen solchen Kanon schafft, muss er verschiedene Voraussetzungen erfüllen: Er muss in vielen Sprachen verfügbar sein. Und zweitens muss er schon eine beachtliche Rezeptionsgeschichte aufweisen. Nur die Filme, die bereits einen gewissen Bekanntheitsgrad und das Prädikat „besonders wertvoll" erhalten haben, werden in so

einer Liste ihren Platz finden. Und die Tatsache, dass sich bestimmte Filme im Kanon befinden, fördert natürlich auch wiederum, dass sie weiterhin intensiv besprochen und gesehen werden.
Bei dem Erstellen einer solchen Liste fließen ja nicht nur persönliche Vorlieben ein, sondern ebenso ihr Wert als künstlerisch bedeutendes, beziehungsweise einflussreiches Werk.

Die Top Ten umgibt eine fast heilige Aura: In ihnen ist sehr wenig Bewegung zu verzeichnen. Zumindest was die Kritiker*innen-Liste anbelangt: *Citizen Kane* und *Rules of the Game* sind seit 1962 fast durchgehen auf Platz 1 und 2. Die Revolution kam erst 2012: *Vertigo*, ein Film, der sich seit 1972 in den Top 5 herumgetrieben hatte, rückte vor auf Platz 1.
Wenn man die Liste weiter betrachtet, ist sehr auffallend, wie wenige Filme von Filmemacherinnen* und BIPoCs in der Liste zu finden sind. Außerdem repräsentiert die Auswahl ein fast ausschließlich US-amerikanisches und europäisches Kino, bis auf einige wenige Ausnahmen des japanischen Kinos. Denn das

hat seit den 50er Jahren, der Nachkriegszeit, eine Sonderrolle in der westlichen Rezeption eingenommen. Vor allem die Regisseure des *New Hollywoods* in den USA trugen zu dessen Bekanntheit bei (z.B. Martin Scorsese und George Lucas).

Aus einem Kanon kann man viel über Zugänglichkeit, Rezeptionsgeschichte und Machtverhältnisse der Vergangenheit und Gegenwart lernen. Sie schreiben sich – wenn auch unbewusst - sehr klar ablesbar in die Auswahl ein. Ein Kanon, egal von welcher Gruppe er stammt, muss immer kritisch betrachtet werden. Er sagt vor allem viel über das aus, was eine bestimmte Gruppe als wertvoll erachtet und was die Generation vor ihr als wertvoll erachtet hat. Die Liste des *Sight and Sound* könnte genauso gut heißen: „The 100 Films, that a lot of influential people saw and talked about". So ein Kanon ist immer *ein* Kanon und eher ein Angebot zur Kommunikation zwischen Menschen, die eifrig und leidenschaftlich Filme schauen und sich mit anderen darüber austauschen wollen.

Um Film als Kunstform und gemeinsames Kulturgut zu verstehen, brauchen wir nicht unbedingt einen Kanon. Es muss andere Formate geben, die anerkennen, dass es eine Filmsprache gibt, die es lohnt zu studieren. Eine Filmsprache, die unglaublich nuancenreich ist und sich seit der Existenz des Mediums in unterschiedlichste Richtungen und Extreme ausgeformt hat. Und dass es viele unterschiedliche Stimmen gibt. Diese nachzuverfolgen, sie zu bestaunen, bewundern oder abzulehnen ist für das Verständnis der visuellen Kultur unserer Gesellschaft überaus wichtig.

Die REVÜ will sich mit dem Medium Film intensiv auseinandersetzen. Aber sie ist kein Kanon. Die Filme, über die geschrieben werden, wurden in der breiten Öffentlichkeit teilweise viel, teilweise kaum besprochen. Sie haben hier ihren Platz gefunden, weil genau eine bestimmte Person sie als wertvoll erachtet. Unsere Auswahl erfolgt also rein qualitativ. Allerdings zeichnet sich auch in der zweiten Ausgabe der REVÜ eine starke Rezeptionsgeschichte ab: Den Hauptteil machen US-amerikanische und europäische Filme aus, mit gelegentlichen Ausnahmen des japanischen Kinos. Nur ein Film stammt aus dem Iran.

Wir müssen anfangen uns zu fragen: In welchen Rezeptionsgeschichten bewegen wir uns? Und wie sähen eigentlich die Alternativen aus?

Sarah Ellersdorfer

INHALT

	VORWORT
15	THE HOUSE IS BLACK von Daniel Asadi Faezi
25	ATTENBERG von Carlotta Wachotsch
37	VOGELFREI von Jakob Defant
45	CHIHIROS REISE INS ZAUBERLAND von Tünde Sautier
51	GLÜCKLICH WIE LAZZARO von Sarah Ellersdorfer
61	LA NIÑA SANTA von Marie Zrenner
71	GO GET SOME ROSEMARY von Emil Klattenhoff
81	DIE LETZTEN GLÜHWÜRMCHEN von Tobias Muno
93	FRAU OYU von Lukas Röder
103	A SINGLE MAN von Lavina Stauber
	IMPRESSUM

THE HOUSE IS BLACK

von
Forough Farrokhzad
(1962)
Daniel Asadi Faezi

خانه سیاه است [Khane siah ast]
Produktionsland: Iran
Produktionsgesellschaft: Golestan Filmstudio
Drehbuch: Forough Farrokhzad
Produktion: Ebrahim Golestan
Kamera: Soleiman Minassian
Schnitt: Forough Farrokhzad

Online Stream bei YouTube möglich.
https://www.youtube.com/watch?v=VLtB1RSYJCA

16 MM, Schwarz-Weiß, 22 Min.

„Es gibt keinen Mangel an Hässlichkeit in dieser Welt.
Wenn der Mensch seine Augen davor verschließen würde, gäbe es noch mehr.
Aber der Mensch ist ein Problemlöser.
Auf diesem Bildschirm wird ein Bild der Hässlichkeit erscheinen, eine Vision des Schmerzes, die kein mitfühlender Mensch ignorieren sollte.
Diese Hässlichkeit auszulöschen und die Opfer zu lindern, ist das Motiv dieses Films und die Hoffnung seiner Macher."

Mit diesem Voiceover beginnt der Kurzfilm *The house is black*.

Im ersten und gleichzeitig letzten Film der iranischen Dichterin Forough Farrokhzad (sie starb im Alter von 32 Jahren), begeben wir uns in eine Leprakolonie im Nord-Westen des Irans, nahe der Stadt Tabriz. Die Autorin gilt als eine der wichtigsten Vertreter*innen der iranischen Moderne, wird als feministische Vorreiterin des Irans gesehen und hat mit ihrem Kurzfilm den Weg für das neue iranische Kino geebnet.

Schon mit dem Voiceover macht der Film klar, wo er und seine Macherin stehen: Er ist eine

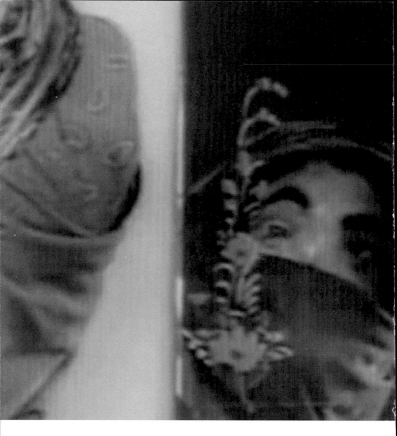

die Blicke erwidert. Immer wieder werden die Leprakranken in Portraiteinstellungen gedreht. Sie blicken in die Kamera – blicken uns an. Beobachten uns, ertappen uns. Sind sie nachsichtig mit uns und unseren Vorurteilen? Sind sie verurteilend? Oder können sie verzeihen?

Der Kamerablick wird hier, wie in kaum einem anderen Film, zu einer politischen Geste.

Eine Geste, der sich viele beobachtende Dokumentarfilme beschämt entziehen. Zu groß die Angst vor dem Verlust einer vermeintlichen Authentizität. Die Angst vor einem Bruch mit der filmischen Illusion. Doch genau in diesen Blicken wird die Größe des Kinos sichtbar!

Zum Schluss fährt die Kamera zurück. Immer weiter, bis sie das Geländer der Kolonie verlässt und sich die Türen vor uns verschließen.

"Dies ist ein Bild einer geschlossenen und eingeschränkten Gesellschaft. Ein Bild des vergeblichen Lebens, des Ausgegrenzt-Seins, des Vergeudet-Seins. Selbst die sogenannten gesunden Menschen in der scheinbar gesunden Gesellschaft außerhalb der Leprakolonie können tief in ihrer Seele an den gleichen Symptomen leiden."

Forough Farrokhzad, 1964

ATTENBERG

von
Athina Rachel Tsangari
(2010)
Carlotta Wachotsch

Attenberg
Produktionsland: Griechenland
Produktionsgesellschaft: Haos Film
Drehbuch: Athina Rachel Tsangari
Produktion: Maria Hatzakou, Yorgos Lanthimos, Iraklis Mavroidis, Athina Rachel Tsangari, Angelos Venetis
Kamera: Thimios Bakatakis
Szenenbild: Dafni Kalogianni
Kostümdesign: Thanos Papastergiou, Vassilia Rozana
Schnitt: Sandrine Cheyrol, Matt Johnson
Sounddesign: Leandros Ntounis
Darsteller*in: Ariane Labed, Vangelis Mourikis, Evangelia Randou, Yorgos Lanthimos

DVD erhältlich über Rapid Eye Movies / shop.alive-ag.de für 14,95 €.

16MM (35MM Blow-up), Farbe, 97 Min.

Wie macht ein Albatross? Wie ein Gorilla? Und wie macht ein Mensch eine Katze nach?

Wenn ich über den Film *Attenberg* von Athina Rachel Tsangari schreibe, dann daher, weil ich über den Körper ihrer Figuren nachdenken möchte. Ein Wesenszug des Mediums Film ist die Aufnahme von sich bewegenden Körpern. Oft werden die menschlichen Bewegungen von der Geschichte herbeigeführt. Sie haben einen klaren Grund für ihre Bewegungsmotivation. In Filmen beobachten wir Menschen beim sich Bewegen und es erzählt uns so viel. Wir sehen zu, wie sich ihre Körper impulsiv, *under control*, unsicher, verletzt, mit einem Ziel, oder eben ohne Ziel durch diese Welt hindurch schlängeln und das in jeder Sekunde einer filmischen Erzählung. Natürlich gibt es eine wahnsinnig große Zahl an Filmen, wo wir weniger über die Körper ihrer Figuren nachdenken, weil sie sich so souverän bewegen, oder ihre Bewegungen elegant stilisiert eingefangen werden.
Oder weil sich ihre Bewegungen in die filmische Handlung passend hineinfügen und Dienerinnen unserer Geschichten werden. Die Darstellung der menschlichen Körper ist aber immer eine Fläche auf der Leinwand oder dem Bildschirm, wo sich eindrückt, was wir

erzählen wollen. Zum Beispiel vermitteln die Darstellungen zeitgenössische Körperbilder, Schönheitsideale, angesehene Verhaltensweisen durch Körperbewegungen. Die Körper werden stets zu Flächen im Film, auf denen sich solche Diskurse subtil mittransportieren. Die Inszenierung der menschlichen Körper passiert immer mit einem Grad an Stilisierung, auch in Filmen, wo wir über die Bewegungen der Körper nicht nachdenken, weil sie „natürlich", „authentisch" wirken, obwohl doch alles stets Performance im Film ist. Das Ausschließen, das Nichtdenken von Körpern und Körperbewegungen wiederum kann zeigen, was wir nicht als erzählenswert erachten. So wird zum Beispiel das Ungelenke, das Unangepasste, das Nichtkategorisierbare oft weginszeniert. So weit, so simpel.

Tierdokumentarfilmer Sir David Attenborough, hat als Hauptcharakter eine junge Frau namens Marina, die mit ihrem sterbenskranken Vater und Stadtplaner in einer symbiotischen Beziehung in einem ausgestorbenen Industriestädtchen an der griechischen Küste namens Aspra Spitia wohnt. Selbst völlig unbeholfen in Sachen Liebe und Sex und der menschlichen Spezies mit großer Skepsis begegnend, verbringt sie ihre Zeit eher damit ihre geliebten Tierdokumentationen von Attenborough im Fernsehen zu schauen. Meist mit ihrem Vater zusammen. Über den Film hinweg lernt sie, ihre eigenen sexuellen Erfahrungen zu sammeln, sich abzugrenzen, und sich von ihrem Vater langsam zu verabschieden. Der Film könnte so schnell ein klassisch erzählter Coming-of-Age-Film sein, der vom Erwachsenwerden, von sexueller Befreiung erzählt, während er im Hintergrund eine Geschichte über den Tod verhandelt. Doch Tsangari liegt viel mehr an der Verwebung von verschiedenen Darstellungsformen: Sex und Tod sind ein berühmtes thematisches Paar in der attischen Tragödie, auf das sie in diesem Film Bezug nimmt. Wie sie dieses Drama aber vorallem durch die Inszenierung von Körpern erzählt, hat mich diesen Film, seit ich ihn gesehen habe, nicht mehr vergessen lassen.

Der Film fängt mit einer gut dreieinhalbminütigen Szene an, in der Marina und ihre einzige Freundin Bella vor einer weißen Hausfassade stehen und Bella Marina versucht beizubringen, wie das Küssen geht. Sie stehen direkt voreinander, die Arme wie Flügel eines Straußenvogels an die Seiten gelegt, mitsamt ihrer etwas steifen Körperhaltung prallen ihre Lippen und Zungen eher in einem ungelenken Rhythmus auf- und ineinander, als sei ein Kuss ein Ding des Extraterrestrischen. Die Bewegung der Münder wirken plötzlich ganz bizarr und *alienesque*. Marina schluckt nervös. Bella fragt Marina: „Wie fühlt sich meine Zunge an?" Sie antwortet ernst und ohne große, psychologisierte Geste: „Wie eine Schnecke. Es ist ekelhaft." Bella rät ihr, dass sie nicht vergessen darf zu atmen, sonst würde sie ersticken. Danach atmen sie zusammen ein und aus und Marina versucht es noch einmal. Die Körper wieder in gewisser Distanz, die Köpfchen zueinander gestreckt. Die erwachsenen Frauen beenden die Szene, in dem sie plötzlich wie Katzen fauchen und den Konflikt des „nicht Küssen Könnens" körperlich austragen. Der performative Charakter wird augenscheinlich und die Figuren werden anhand ihrer auffälligen, körperlichen Bewegungen einerseits verfremdet und zugleich bereits in ihrer Eigenartigkeit eingeführt.

Tsangari hat zu der ruhig verlaufenden Handlung immer wieder Interludien eingearbeitet, die die Handlung nicht direkt antreiben. In diesen Momenten laufen Marina und Bella oft mit dem Arm beieinander eingehakt linear im Gleichschritt einen Weg entlang. Ihren Blick nach vorne gerichtet, erzählt Bella Marina einmal von ihren Träumen über Penisbäume. Ein andermal bewegen sich beide auf dem gleichen geraden Weg fort, tanzen aber Hände haltend choreographierte Schritte: Linkes Bein nach vorn und hoch, linker Doppelschritt, linkes Bein hoch, Doppelschritt und Wechsel. Ein wunderschöner Gang, im Rhythmus, langsam die Körper aus der Steifheit lösend. Beschleunigung. Dann wird ihr Gang in einem anderen Interludium im Film zu einer Vogelimitation, die ich mit einem Strauß assoziiere, wobei sie am Ende gegen eine Hausfassade knallen.

So teilt sich *Attenbergs* Erzählweise einmal in Momente, die mehr der Performance entlehnt, auf den ersten Blick weniger naturalistisch scheinen, und andererseits in die Momente, die klar Marinas Leben und Beziehungen in der kleinen Stadt begleitet. In diesem klaren

Handlungsstrang lässt Tsangari aber auch immer wieder Elemente dieser performativen Körperlichkeit einfließen: So hüpft Marina mit ihrem schwächelnden Vater über das Bett, indem sie Gorillas nachmachen oder sie liegt, als sie das erste Mal eine sexuelle Erfahrung macht, wie ein steifer nackter Fisch auf dem Bauch des Mannes. Marina ist ein Fisch, ein Gorilla, eine Katze, ein Albatros, sie ist ein Mensch, auch eine Frau. Dieser lakonische Ton, diese ständigen Überraschungen darüber, was die Körper als nächstes machen, sind in einer ganz besonderen Weise berührend und befreiend. Marina wird mir als ein Wesen erzählt, weird und in ihren Körperbewegungen auf eine Art entsexualisiert und befreit von weiblichen Körperklischees. Sie hat noch keinen Platz, vielleicht weiß sie gerade deshalb nicht, wie sie Nähe ausdrücken kann. Sie wird so nuancenreich gezeichnet, als Außenseiterin, als ängstlicher und zärtlicher Mensch: Und das rein visuell, anhand ihrer Körperbewegungen. So bietet sie eine sehr große Identifikationsfläche für die Zuschauer*innen: ein Mensch, der lernt, auf eine ganz freie, unabhängige Weise in dieser Welt aufrecht zu gehen.

Vielleicht nimmt man es seltener im Spielfilm wahr. Im Gegensatz zum klassischen Erzählkino, würde ich behaupten, dass *Attenberg* die menschlichen Körperbewegungen hier eben viel offensichtlicher stilisiert, herausstellt, sie zum Inhalt der Geschichte selbst werden lässt. Es ist eben kein Film, der eine gänzlich psychologisch erschlossene Figur und ein rein individuelles Drama erzählt. Nein, dieser Film will uns anhand performativer Körper von Grundsätzlicherem berichten, von Existenziellem, was in uns allen steckt. Athina Rachel Tsangari schafft vielmehr den *shift* von einem individuellen Coming-of-Age-Film zu der Frage wie man sich eigentlich in einer menschlichen Gesellschaft verhalten soll, wie man lernen soll, hineinzupassen und wie bizarr dieser Prozess der Aneignung von sozialen und körperlichen Codes doch ist. Die Darstellung von Marinas Körper in diesem Film ist politisch, weil er sich so frei macht, weil er aufmüpfig ist und weil er in seinen Bewegungen rebelliert. Man schluchzt auf und sagt innerlich: „Danke, ich fühle mich dir so nah als Mensch." Die Unsicherheiten unserer Spezies, sich verändernde Geschlechterrollen zu verkörpern und körperlich werden zu lassen und teils zu entsexualisieren, und zu konsensualisieren, ist für mich eine ganz besondere Stärke im Kino, die sich bei Tsangari finden lässt.

VOGELFREI

von
Agnès Varda
(1985)
Jakob Defant

Sans toit, ni loi
Produktionsland: Frankreich
Produktionsgesellschaft: Ciné-Tamaris et Films Antenne 2
Drehbuch: Agnès Varda
Produktion: Oury Milshtein
Kamera: Patrick Blossier
Szenenbild: Jean Bauer, Anne Violet
Schnitt: Agnès Varda, Patricia Mazuy
Soundtrack: Joanna Bruzdowicz
Darsteller*in: Sandrine Bonnaire, Yolande Moreau, Yahiaoui Assouna, Les habitants de la région de Nîmes

DVD erhältlich über www.cine-tamaris.fr für 10 €.
Online Stream bei mubi.com möglich.

35MM, Farbe, 105 Min.

Was ist um uns?
Erde, Dörfer.
Von wo kommst du?
Von hier.
Von hier.

Wer bist du?
Ich.
Wer noch?
Sie.
Sie.

Hast du Angst?
Ja.
Wovor?
Vor dir.
Vor dir.

Warum weinst du nicht?
Weil ich nicht will.
Was willst du?
Nicht weinen.
Nicht weinen.

Ist es kalt?
Ja.
Wohin gehst du?
Ich will nicht sterben.
Ich will nicht sterben.

Bleibst du bei mir?
Nein.
Für heute Nacht?
Ja.
Ja.

Bist du hungrig?
Ja.
Wer bist du?
Eine Frau.
Eine Frau.

Du schläfst in einem Zelt?
Ja, manchmal.
Wie sieht es aus?
Dünn, aus Stoff und rot.
Dünn, aus Stoff und rot.

Wen hast du gesehen?
Viele.
Freunde?
Assoun.
Assoun.

Wie heißt du?
Mona.

Ist das dein Film?
Ja, wir sind hier.
Und du?
Ich bin Sandrine Bonnaire.
Und ich Agnès Varda.

Streamingdienst, Obststand, Wegesrand: Ich kaufe eine bittere Frucht mit Stacheln, die es in Wirklichkeit nicht gibt. Sie kann Gelb sein und Blau. Sie hat einen Stein und außen eine schillernde, haarige Haut. Im Volksmund „Dreck" genannt, hielt sich das Gerücht, sie sei giftig und verbreite Krankheiten. Die Menschen würden sie verschmähen, ignorieren oder fluchen: so etwas kann nicht von Gott kommen. Nur eine Sammlerin könnte ihre Schönheit erkennen, würde sie aufheben und angucken, die Stacheln beiseite drücken und das Fruchtfleisch auszupfen. Ein Saft träte fließend aus. Aber dann würde sie doch gestochen und die Frucht fiele wieder zu Boden. Dort bliebe sie liegen, zwischen den vielen anderen, und ein Vogel käme an, um von ihr zu essen.

Es ist Winter und Mona, gespielt von Sandrine Bonnaire, schwimmt im kalten Meer. Sie raucht und trinkt und lebt auf der Straße. Einmal zeltet sie auf einem Friedhof. Geht sie in Richtung Tod oder Leben? Ein Junge an einer Autowerkstatt schaut sie mit großen, traurigen Augen an. Männer pfeifen ihr hinterher und werfen mit Glasflaschen auf Glascontainer.

Eine junge Frau und ein junger Mann leben mit Schafen und einem Kind. Sie machen Käse und schlachten die Tiere. Mona will das Kind berühren, doch es zuckt zurück, wie ein Tier. Sie trampt. Ende in Sicht? Nein, nur noch Straßen. Ein Pilz hat die Platanen befallen. Die Bäume werden hohl, und werden gefällt. Noch ein anderes Gesicht mit roter Haut von viel Wein.

Es wird kälter, sie wohnt bei einem Arbeiter aus Tunesien. Er heißt Assoun und schneidet Weinreben zurück. Sie gehen zusammen zu einem Haus, wo die Arbeit verteilt wird, aber die anderen Männer hassen sie. Sie ist eine Frau.

Ihr Leben endet in einer Erdspalte, blaugefroren*. Der Film endet und beginnt mit dem Tod, dazwischen ist ihr Leben Film. Wie kann etwas traurig und lebendig zugleich sein?

*Frieda Grafe: *Blaugefroren* (1986)

CHIHIROS REISE INS ZAUBERLAND

von
Hayao Miyazaki
(2001)
Tünde Sautier

千と千尋の神隠し [Sen to Chihiro no kamikakushi]
Produktionsland: Japan
Produktionsgesellschaft: Studio Ghibli
Drehbuch: Hayao Miyazaki
Produktion: Toshio Suzuki
Kamera: Atsushi Okui
Production Design: Norobu Yoshida
Art Direction: Yōji Takeshige
Schnitt: Takeshi Seyama
Soundtrack: Joe Hisaishi
Darsteller*in (Stimme): Rumi Hiiragi, Miyu Irino

DVD erhältlich über Medimops (medimops.de) für 5,98 €.
Online Stream bei Netflix möglich.

Animation, Farbe, 125 Min.

„Wenn sich einmal die Wege gekreuzt haben, vergisst man das nie. Es kann höchstens sein, dass man sich nicht daran erinnert."

Chihiros Name wird ihr weggenommen, als sie anfängt im Badehaus der bösen Hexe Yubaba zu arbeiten. Und schon am nächsten Morgen hat sie ihn fast vergessen und nur eine Karte, die ihr ihre Mitschüler*innen zum Abschied geschenkt haben, erinnert sie noch daran. Im Badehaus trampeln alle auf ihr herum, ihre Eltern werden in Schweine verwandelt und sie muss einen schlammtriefenden Gott waschen - in der ersten Hälfte des Films geht es vor allem ums Durchhalten.
Das Blatt wendet sich, als Chihiros Freund Haku in Lebensgefahr ist und sie ihn retten will. Sie möchte ihm helfen, weil er ihr zuvor geholfen hat, als sie in Schwierigkeiten steckte. Dieses Ausmaß an aufrechter Haltung beeindruckt mich. Sie hätte genauso gut sagen können „Ich rette ihn, weil ich ihn liebe.", aber das tut sie nicht. Haltung ist bei Chihiros Reise von großer Bedeutung.

Ich habe lange überlegt, was es ist, das mich die ganze Nacht über wachgehalten hat, als ich *Chihiros Reise ins Zauberland* zum ersten Mal gesehen habe. Wenn ich ein konkretes

Bild dafür suche, warum ich den Film so verehre, dann ist es diese eine Einstellung, in der Chihiro dem Monster Ohngesicht gegenübertritt, das bereits drei andere Figuren gefressen hat. Sie tut etwas, das niemand so gut kann wie Anime-Figuren: Vollkommen regungslos sitzt sie dem Monster gegenüber, viele Sekunden lang. Nicht der Hauch einer Bewegung. Dann beginnt sie ein ruhiges Gespräch. Chihiro besiegt das Ohngesicht nicht durch Stärke oder Kampfgeschick, sondern durch Haltung und Mut.

Mit Mut und Freundlichkeit rettet sie nicht nur die anderen vor dem Monster, sondern auch das Monster vor sich selbst: Sie bringt dem Ohngesicht bei, was Freundschaft ist, indem sie ihm eine Zugfahrkarte schenkt, damit es sie begleiten kann. Das ist das zweite Bild, an das ich immer mal wieder denken muss: Chihiro und das Ohngesicht nebeneinander im Zug, umringt von gesichtslosen Schattenmenschen. An Chihiros abgeklärtem, müden Blick wird deutlich, wie sehr der Kummer und das Durchhalten sie verändert haben; beim Betreten des Zauberlands klammerte sie sich noch ängstlich an den Arm ihrer Mutter.

Bei der Rückkehr in ihre eigene Welt muss Chihiro ein letztes Mal Haltung beweisen, denn sie darf sich im Gehen nicht umdrehen.

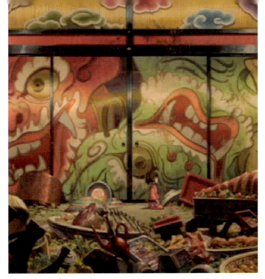

Ihr bleibt einzig Hakus Wort, der sagt, dass sie einander wiedersehen werden. Gemessen an den Gefahren und Widrigkeiten, die Chihiro im Zauberland überwinden musste, scheint dies vielleicht keine große Sache zu sein, aber ich halte diesen Abschied für gravierend, wenn man bedenkt, wie schwer es ist, einem Freund den Rücken zu kehren.

Der Film vermittelt uns Aufrichtigkeit, Haltung, Mut und Freundlichkeit als Attribute einer bewundernswerten Heldinnenfigur. Und er macht deutlich, dass es diese Fähigkeiten zu hüten und zu bewahren gilt, denn sie geraten schnell ins Wanken. In anderen Worten:

„Chihiro, ein schöner Name. Du musst gut auf ihn aufpassen."

GLÜCKLICH WIE LAZZARO

von Alice Rohrwacher (2018)
Sarah Ellersdrofer

Lazzaro Felice
Produktionsland: Italien
Produktionsgesellschaft: Tempesta, Rai Cinema
Drehbuch: Alice Rohrwacher
Produktion: Carlo Cresto-Dina, Gregory Gajos, Tiziana Soudani, Michael Weber
Kamera: Hélène Louvart
Setdesign: Emito Frigato
Kostümdesign: Loredana Buscemi
Schnitt: Nelly Quettier
Soundtrack: Howe Gelb
Darsteller*in: Adriano Tardiolo, Agnese Graziani, Alba Rohrwacher, Luca Chikovani

DVD, Blu-ray erhältlich über goodmovies.de ab 14,90 €.
Online Stream bei mubi.com möglich.

16MM, Farbe, 127 Min.

„Take a change let's ride
To the future, not to the past
Take it easy and not to fast"
…

… Eurodance von *2 Boys on the 4th Floor* schallt aus einem Walkman. Dazu kämmt sich ein Teenager seine blondierten Haare. Seine Haut ist bleich und eindeutig weder Sonne noch Arbeit gewöhnt. Er trägt hippe 80er Jahre Klamotten und hat knapp über seinem Herzen ein Kreuz tätowiert. Ohne Schnörkel, minimalistisch, so als hätte es jemand schnell auf eine Mauer gekritzelt.
Auf ihn zu, in die Einsamkeit einer rauen Berglandschaft, läuft Lazzaro, ungefähr im selben Alter. Doch seine Kleidung erinnert an ein mittelalterliches Gemälde, sein Körper und Gesicht könnten direkt einem römischen Fresko entsprungen sein. Er ist klassisch schön, etwas zugleich Kindliches und Uraltes liegt in seinen Augen und Bewegungen.

Wir befinden uns in Italien. Genauer in Inviolata, einem abgeschiedenen kleinen italienischen Bergdorf. Wann genau, ist gar nicht so einfach zu sagen. Blickt man auf den bleichen Teenager, Tancredi di Luna: in den 80er oder 90er Jahren. Blickt man auf Lazzaro: in einer unbestimmten Zeit vor der Industrialisierung. In diesem Film scheinen zwei Zeiten gleichzeitig zu existieren.

Der Grund dafür ist, dass die Bewohner*innen Inviolatas (ungefähr zwei Dutzend, die auf zwei Häuser verteilt leben) tatsächlich eine nicht unwesentliche geschichtliche Wendung verpasst haben: Noch immer entrichten sie Pacht (fast ihre gesamte Ernte, und ihre Schulden steigen von Jahr zu Jahr) an die Mutter Tancredis, die Marquesa Alfonsina de Luna, obwohl das seit den 50er Jahren in Italien gesetzlich verboten ist.

Diese bizarre Geschichte hat tatsächlich so stattgefunden. Und Alice Rohrwacher nimmt sie als Ausgangspunkt ihres dritten Films, *Glücklich wie Lazzaro*, um daraus eine fantastische Erzählung zu entwickeln.

Tancredi und seine Familie wirken in Inviolata wie Boten aus der Zukunft und umgekehrt erscheinen seine Bewohner*innen wie Geister aus der Vergangenheit. Das Geniale an Rohrwachers Erzählweise ist, dass sie es schafft, eine weit zurückliegende Vergangenheit (die der Leibeigenschaft) und die nahe Vergangenheit (die der Lohnarbeit und Landflucht) miteinander zu verschränken.

In *Glücklich wie Lazzaro* wird die Zeit aus

ihren Fugen gehoben: Feudalismus und Kapitalismus existieren plötzlich gleichzeitig und so kann man das eine auch nicht mehr als den Fortschritt des anderen betrachten. Man fängt an über Gemeinsamkeiten und Abwandlungen nachzudenken.

Das macht die Intelligenz dieses Filmes aus. Er ist komplex auf allen Ebenen: der Darstellung der Zeit, der zwischenmenschlichen Beziehungen, der abstoßenden und erfreulichen Grundzüge des Menschen, des Magischen und des Politischen.

Der Film hebt für mich das Gleichbleibende hervor, die in ständig neuen Formen entstehende und doch immer bestehende Ausbeutung. Doch es gibt einen der ganz anders ist: Lazzaro. Seine Gutmütigkeit und Selbstlosigkeit werden sowohl von den Dorfbewohner*innen als auch von Tancredi, ausgenützt. Das wird vor allem in der zweiten Hälfte des Filmes deutlich, in der ein Zeitsprung von vielen Jahren stattfindet. Die Bewohner*innen Inviolatas werden schockartig in die Moderne katapultiert: In der Mitte des Filmes werden sie von der Polizei aufgesucht und mit in die Stadt genommen. Dort ändert sich ihre Situation aber in keiner Weise zum Besseren: Sie hausen in einem leeren Wassertank neben den Gleisen, ernähren sich von Chips und überleben durch kleine Betrügereien und Raubzüge.

Nur Lazzaro ist in Inviolata zurückgeblieben. Er war vor der Ankunft der Polizei von einem Felsen in die Tiefe gestürzt. Dort liegt er nun jahrelang bewegungslos und verpasst den Umzug der anderen. Als er aufwacht, ist er um keinen Tag gealtert. Während die anderen sich in den Verwirrungen der Zeit verheddert haben, steht Lazzaro komplett außerhalb der Mechanismen der Zeit.

Lazzaros schönes Gesicht, seine großen grünen Augen sind das, was mir vor allem von dem Film hängengeblieben ist. Roland Barthes schrieb einst: „Das Gesicht der Garbo ist Idee, das der Hepburn Ereignis. Lazzaros Gesicht ist wie das der Garbo: sein Geschlecht ist klar, aber irgendwie unbedeutend, es wirkt wie das Urbild eines menschlichen Gesichts. Seine Beschaffenheit hat fast etwas Maskenhaftes, so perfekt und ruhig ist seine Oberfläche. Diese Plastizität erhält Lazzaros Gesicht auch durch die Art und Weise, in der Rohrwacher filmt. Sie verweilt bei Details und konzentriert sich auf die konkrete Körperlichkeit der Welt, die sie erzählt. Das 16-mm-Material, auf dem sie und Hélène Louvart gedreht haben, stellt Texturen in den Vordergrund:

den Staub und Dreck der Berglandschaft, die synthetische Kälte der Stadt.

Lazzaros Gegenpart ist Tancredi di Luna. Als sich die beiden anfreunden, erkennt Tancredi das intuitiv. Während es in Lazzaros Welt keine Lüge gibt, zieht Tancredi die Lüge meist der Wahrheit vor. Tancredi liebt Fiktionen, für Lazzaro ist alles wahr und er nimmt jeden Menschen buchstäblich ernst.

So glaubt er Tancredi, als dieser behauptet, dass die beiden Halbbrüder seien. Das ist für Lazzaro ein besonderer Moment. Für die Dorfgemeinschaft war er nie mehr als eine Arbeitskraft. Doch für Tancredi scheint er etwas Einzigartiges und Unersetzliches zu sein. Er findet das erste Mal einen Freund. Für ihn wird diese Fantasie bis zum Ende des Filmes und darüber hinaus in alle Ewigkeit Bestand haben, für Tancredi ist sie nur eine seiner Launen im Strudel der Zeit.

Trotz aller Tragik und Härte der beschriebenen Verhältnisse ist *Glücklich wie Lazzaro* aber kein trauriger Film, der einen an der Menschheit und Welt verzweifeln lässt. Der Titel ist nämlich nicht ironisch, sondern ernst gemeint. Für Lazzaro gibt es nichts Böses in der Welt und dadurch, dass wir die Ereignisse durch seine Augen betrachten, halten wir ihn zwar für hoffnungslos naiv, aber verlieren selbst nicht die Hoffnung.

"Pain is the name and life is the game
Dream on, try to survive
Keep hope alive reach for the sky"

(Und hier das ganze Lied *Dreams* von *2 Boys on the 4th Floor*: https://www.youtube.com/watch?v=zfpBarn7jlc)

Im Alter von ungefähr vierzehn Jahren hatte ich eine beste Freundin, die neben einem Schwimmbad wohnte, dessen Außenbecken auch im Winter beheizt war.

Eine Zeit lang verbrachten wir unsere gemeinsamen Nachmittage am liebsten damit, in dem dampfenden, warmen Wasser mit Taucherbrillen zu schwimmen. Unter Wasser eröffnete sich uns eine andere Welt: Hier konnten wir unbemerkt die Körper der Badegäste betrachten, die uns mal faszinierten, mal abstießen oder amüsierten.

Ich erinnere mich, dass an einem unserer letzten Nachmittage unter Wasser plötzlich ganz nah vor uns etwas auftauchte, das wir noch nicht in echt gesehen hatten: Der nackte, erigierte Penis eines Mannes.

Es war die Zeit eines Übergangs, in dem das kindliche Spielen noch möglich war und wir zugleich schon in Berührung mit der Welt der Erwachsenen, der Körper und der Sexualität waren.

Irgendwann sind wir nicht mehr in das Schwimmbad gegangen. Es gab einen Punkt, an dem wir aufgehört haben zu spielen und ganz in die Welt der Erwachsenen eingetreten sind.

Als ich La niña santa gesehen habe, konnte

ich nochmal an diesen fragilen Moment im Leben zurückkehren, den ich eigentlich für immer verloren geglaubt hatte.

Am Ende des Films *La niña santa* gibt es nur noch das Schwimmbecken. Zwei junge Mädchen schwimmen darin im warmen Thermalwasser auf dem Rücken nebeneinander hin und her.
Man blickt in dieser letzten Einstellung von Oben auf das Becken. Die beiden Freundinnen Amalia und Josefina stoßen sich immer wieder mit den Füßen vom Beckenrand ab und kreuzen, mit den Beinen paddelnd, das Bild.
„Hallo, hallo, kannst du mich hören?" fragt eines der beiden Mädchen im Spiel, die Ohren unter Wasser. Dann hört man sie gemeinsam leise vor sich hin summen, als wäre man ihnen ganz nah, als wäre man Teil dieses Moments.
Plätschern, Schritte. Ein Mann läuft entlang des Beckenrands, ohne dass die Mädchen von ihm Notiz nehmen.
„Ich werde immer für dich da sein", hat Josefina ihrer Freundin Amalia zuvor versprochen. In diesem Schwimmbecken nebeneinander zu schwimmen und die Vorstellung, dass es für immer so sein wird, ist das Einzige, was in

diesem Moment zählt.

Die letzte Einstellung des Films könnte ganz anders aussehen. Im Konferenzsaal des aus der Zeit gefallenen Kurhotels, zu dem das Schwimmbecken gehört, findet gerade die Abschlussveranstaltung einer mehrtägigen Ärztekonferenz statt. Amalia lebt hier mit ihrer Mutter, der Betreiberin des Hotels.

Einer der anwesenden Ärzte hat sich zu Beginn des Films in einer Menschenmenge in der Stadt von hinten an Amalia gepresst.

Doch Lucrecia Martel erzählt das junge Mädchen nicht als Opfer des Mannes. Denn der Vorfall lässt Amalias eigenes Begehren erwachen. Zugleich interpretiert sie den sexuellen Übergriff als religiösen Auftrag, den Arzt zu „retten", was die Grenzen von sexuellem Erwachen und religiöser Berufung immer mehr verschwimmen lässt.

Der Täter wird mehr und mehr vom Übergriffigen zum Bedrohten und Gejagten.

Josefina, Amalias beste Freundin, die in den Vorfall eingeweiht ist, erzählt ihrer Mutter schließlich davon. In der vorletzten Szene wartet die Frau in der Lobby des Hotels auf den Moment, die sexuelle Nötigung von Amalia bloßzulegen.

Statt die Konfrontation zu zeigen, und die Geschichte des Arztes und der anderen Erwachsenen zu Ende zu erzählen, führt uns der Film mit Josefina nach Draußen zum Thermalbecken. Amalia, die noch nichts von den Vorgängen weiß, badet dort allein im warmen Wasser.

Josefina zieht sich bis auf ihr Unterhemd und die Unterhose aus und springt zu ihrer Freundin ins Becken. Es folgt die eingangs beschriebene Szene.

An einem Punkt des Films, an dem das eigene sexuelle Erwachen und die sich aufdrängende männliche Sexualität das Kindsein der beiden Freundinnen schon unabwendbar beendet zu haben scheinen, setzt Lucrecia Martel ein Bild der innigen Verbundenheit der beiden Mädchen. Sie spricht damit dieser Freundschaft ein kraftvolles Potential zu.

Am Ende reduziert sich der Film völlig auf die Beziehung zwischen Amalia und Josefina. Er lässt das Kindsein und die Freundschaft der Mädchen endlos erscheinen und öffnet sich somit selbst einer unbegrenzten Zukunft hin.

„Sie ist wiedergefunden. Was? Die Ewigkeit.", schreibt Arthur Rimbaud. „Sie ist das Meer, verbunden mit der Sonne."

Ich musste an diese Zeilen denken. Etwas von dieser Ewigkeit liegt in Lucrecia Martels Film.

Ich finde sie in dieser letzten Einstellung, in der die Zeit zwischen dem gerade-noch-Kind-und-bald-schon-Erwachsensein
der beiden Freundinnen still zu stehen scheint. Die Ewigkeit umgibt diese beiden dahintreibenden Körper, die sich mit dem Wasser und darin auch miteinander verbinden.
Wenn die beiden Mädchen aus dem Bild getrieben sind und wir für einen kurzen Moment bis zum Abspann das leere Becken sehen, muss ich wieder an das Meer denken. Nachdem die Sonne am Horizont untergegangen ist, liegt es noch ein paar Minuten im roten Restlicht da. Amalia und Josefina schwimmen für immer außerhalb des Bildes weiter. Das ist genauso gewiss, wie die Rückkehr der Sonne am Morgen nach dem Sonnenuntergang.

GO GET SOME ROSEMARY

von
Josh und Benny Safdie
(2009)
Emil Klattenhoff

Go get some Rosemary aka Daddy Longlegs
Produktionsland: USA
Produktionsgesellschaft: Red Bucket Film, Sophie Dulac Productions, Neistat Scott & Associates
Drehbuch: Josh und Benny Safdie, Ronald Bronstein
Produktion: Casey Neistat, Tom Scott
Kamera: Brett Jutkiewicz, Josh Safdie
Szenenbild: Sam Lisenco
Kostümdesign: Josh und Benny Safdie
Schnitt: Brett Jutkiewicz, Josh und Benny Safdie, Ronald Bronstein
Musik: David Sandholm & The Beets
Darsteller*in: Ronald Bronstein, Sage Ranaldo, Frey Ranaldo

DVD von Potemkine (store.potemkine.fr) ist unter dem franz. Verleihtitel *Lenny and the kids* zu finden und für 12,90€ erhältlich.

Super 16MM (35MM Blow-up), Farbe, 100 Min.

Ein Vater rennt gegen Wände, in zu engen Adidas Shorts und einem verwaschenen T-Shirt. Er schickt seine beiden Söhne Sage und Frey dem kleinen blauen Gummiball hinterher. Folgt man dem Ball, führt er uns durch ein widersprüchliches und zärtliches Vater-Sohn-Gebilde, vorbei an einem zeitlosen New York und durch ein Flechtgewebe von Alltagsmomenten, die einen berühren. Mit voller Wucht und ohne Rücksicht schlägt *Daddy Longlegs*[1] uns den lachend weinenden Vater Lenny um die Ohren.

Bevor der Ball Fahrt aufnimmt, bevor aus Lenny *Daddy Longlegs* wird, sitzt er allein im Park. Neben ihm seine Hotdogs, die er versucht wieder zusammenzupulen. Er ist gestolpert. Vermutlich nicht das erste Mal in seinem Leben. Er strauchelt gerne, immer ein bisschen in Bewegung. Da, allein auf der Wiese, hat er noch einen kurzen Moment für sich, bevor er seine beiden Söhne von der Schule abholt. Zwei Wochen lang passt er auf sie auf, die einzige gemeinsame Zeit im Jahr.

Jede Szene wirkt wie ein Squashspiel in der Endrunde. Unberechenbar, hektisch, anstrengend, aber auch selten schön. Die Kamera

---

[1] *Daddy Longlegs* ist der amerikanische Verleihtitel.

streift von Geste zu Ausdruck, es wackelt, Details kommen in den Fokus, Hauptfiguren werden unscharf. Gleichzeitig unkonzentriert und doch präzise. Wenn Kinder von ihren Eltern nach der Schule nicht abgeholt werden, dauert es oft eine Ewigkeit, bis sie zuhause ankommen. Der Heimweg ist der einzige Moment, in dem sich die Kinder der Aufsicht von Eltern und Lehrer*innen entziehen. Ein Laubhaufen wird zur Attraktion, eine Laterne die perfekte Spielpartnerin, in jeder Kleinigkeit wird das Spiel gesucht und gefunden. In gewisser Weise ist Lenny ein einziger Heimweg zwischen Schule und Elternhaus.

„Hey listen to me!"

Die Kinder sollen was erleben, der Squashball wird mit voller Wucht durch die Halle gejagt. Lenny hat einen Plan. Er kommt frühmorgens nach Hause. Die Jungs schlafen noch. Das Einzimmerapartment ist eng, wenn das Schlafsofa neben der Küche ausgezogen ist, bleibt nicht mehr viel Platz. „Up and outta here, up and outta here". Er weckt die beiden Jungs, reißt ihnen die Decke weg, krempelt 23 Quadratmeter auf links. „Up, up up! We're going upstate". Lennys One-Night-Stand steht unten, mit ihrem Freund. Der Motor läuft. Die fünf fahren aufs Land. Eine zärtlich unbeholfene Geste eines Vaters, der seinen Jungs etwas bieten will, der nicht in Vergessenheit geraten möchte.

„Go get some rosemary"

Doch leichten Fußes lässt es sich nicht immer laufen. Wenn aus Spaß auf einmal Ernst wird, bröckelt die Vaterfigur. Dann ist die Beschwingtheit dahin, mit der er sonst sich und seine Söhne durch die Stadt trägt, durchs Museum läuft, ins Auto steigt. Zuviel Kuchen schmeckt irgendwann nicht mehr. Zu leichtsinnig ist Lenny durch die Welt gezogen, getrieben von der falschen Freiheit der Rücksichtslosen.

Die Kinder sind wieder bei der Mutter, eine kurze Einstellung lässt das warme, sichere Zuhause durchblitzen. Lennys Abenteuerspielplatz wirkt daneben kalt und leer. Auf YouTube finden sich ein paar wenige Zusammenschnitte von weinenden Vätern, „Happy Crying Dads" zum Beispiel. Lenny hätte allen Grund zum Weinen, doch er versteckt sich hinter dem nächsten Aufschlag. Solange der Ball im Spiel ist, gibt es keine Möglichkeit, sich auszuruhen.

Auf dem Heimweg willst du was erleben, am Ende aber dennoch ankommen. Wenn die Handkamera durch die Gesichter fegt, dabei selten stillsteht, entsteht im Wust der Eindrücke ab und an ein Moment der Stille. Lenny schreit nicht rum. Die Jungs kommen zum Stehen. New York hält für einen Augenblick den Atem an. Der glasige Blick des Jungen auf der Bettkante bleibt in Erinnerung. Sein Vater ist der Heimweg von der Schule, er würde gerne zuhause ankommen, doch er weiß auch, dass es dort schrecklich langweilig ist. Also bleibt er.

„I need your Cooperation. This will be all over in just 5 minutes"

Die zwei Wochen sind um, aber es wird nicht vorbei sein. Die Hotdogs werden weiter aus dem Gras gepult, während im Kopf Squash gespielt wird. Josh und Benny Safdie ziehen aus jeder einfachen Szene ein Match um Sieg oder Niederlage – oder bis einer weint. Sie zeigen den Alltag eines kämpfenden Vaters, unseren Alltag und die Angst, mit voller Wucht gegen die Wand zu rennen. Dann liegen wir auf dem Boden, es tut weh, aber zumindest fühlen wir etwas.

DIE LETZTEN GLÜHWÜRMCHEN

von
Isao Takahata
(1988)
Tobias Muno

火垂るの墓 [Hotaru no haka]
Produktionsland: Japan
Produktionsgesellschaft: Studio Ghibli, Shinchosha Company
Drehbuch: Isao Takahata, Akiyuki Nosaka (Kurzgeschichte)
Produktion: Toru Hara
Kamera: Nobuo Koyama
Animation: Hideaki Anno, Yukiyoshi Hane, Megumi Kagawa, u.a.
Schnitt: Takeshi Seyama
Sounddesign: Yasuo Uragami
Soundtrack: Michio Mamiya
Darsteller*in (Stimme): Tsutomu Tatsumi, Ayano Shiraishi, Yoshiko Shinohara

DVD, Blu-ray erhältlich über thalia.de ab 18,93 €.
Online Stream bei Amazon Prime für 19,99€ möglich.

Animation, Farbe, 88 Min.

Warum „Die letzten Glühwürmchen" der beste Anti-Kriegsfilm aller Zeiten ist.

Der Anti-Kriegsfilm geht in zweierlei Hinsicht von einer paradoxen Situation aus.
Auf der einen Seite möchte er vor dem Krieg warnen, auf der anderen Seite muss er ihn hierfür inszenieren. Damit geht die Ästhetisierung von Kriegsschauplätzen und die Darstellung des soldatischen Körpers einher.

Die Kamera kann auf eine lange Geschichte mit dem Krieg zurückschauen – hieran wird ersichtlich was *Die letzten Glühwürmchen* als Animationsfilm anderen Antikriegsfilmen voraushat. Die Entwicklung der Kamera ist untrennbar mit der Aufklärungsfotografie des ersten Weltkriegs verknüpft. Abel Gance fasst diesen Zusammenhang in die einfache Formel: *Krieg ist Kino und Kino ist Krieg*. Liegt es da nicht nahe, dass man, wenn man einen Film gegen den Krieg inszenieren möchte, ihn ohne Kamera produziert?

Für diese Entwicklung steht in neuer Zeit *Waltz with Bashir,* und in diesem Zusammenhang versucht auch mein Essay *Die letzten Glühwürmchen* zu betrachten. Mit dem Verzicht auf die Kamera verzichtet der Anime zugleich auf eine realistische Reinszenierung des Kriegs und dies stellt für mich eine kleine Emanzipation des Films von seiner eigenen Geschichte dar. Folgt man konsequent Abel Gance's Formel, dann müsste ein Film gegen den Krieg auch ein Film gegen das Kino sein.

Dies sind nun die drei Bewertungskriterien für einen Anti-Kriegsfilm, der nicht in einem Faszinosum des Kinos endet: 1. er muss den Krieg verhandeln; 2. er muss die Kamera, bzw. die Verquickung der Kamera mit der Kriegsindustrie bedenken; 3. er muss auf Darstellungen des Kriegs selbst verzichten können.

Waltz with Bashir erfüllt beispielsweise das letzte Kriterium nicht. Im Gegenteil, er erhebt den Walzer des tanzenden Soldaten in seiner Körperlichkeit zu einem Ausdruck des Maschinengewehrs. Zum Rhythmus der Schüsse, unter Schreien und Rufen wird hier der Körper überwunden. Es bleibt eine romantische, mithin sentimentale Erfahrung für die Betrachter*in zurück. Damit fügt sich auch Waltz with Bashir in die Reihe von Filmen wie *Total Recall* und *Bourne Identität* ein: Folman ist ein soldatischer Körper auf der Suche nach seiner Kriegserfahrung und nach seiner wahren Identität.

Im Gegensatz dazu besteht die Gewalt in *Die letzten Glühwürmchen* darin, dass dieser Film unangenehm ist. Obwohl er sich sehr leichtfüßig entwickelt und auf drastische Szenen beinahe verzichtet, ist seine Wirkung nicht sentimental, sondern verstörend. Der Krieg wird in *Die letzten Glühwürmchen* nicht als ein Schrecken, der den Körper niederreist und die Erinnerung auslöscht, mystifiziert, sondern er findet mehr oder minder in einer verstörenden Entfernung statt. Der Krieg erscheint in diesem Film als ein entferntes Ereignis, in dessen Schatten die „wahre" Kriegstragödie stattfindet: der Zusammenbruch der sozialen Gemeinschaft. Die Tragik besteht weniger darin, dass diese Kinder Opfer des Kriegs sind, als dass sie Opfer von Diskriminierung werden – und Diskriminierung ist der Beginn der sozialen Degeneration. Durch diesen Fokus entwickelt der Film seine verstörende Wirkung.

Dies lässt sich an verschiedenen Momenten des Films ausmachen, die ich jetzt darstellen möchte.

Zuerst sticht die Problematisierung der Erzählposition heraus, welche *Die letzten Glühwürmchen* vor *Waltz with Bashir* auszeichnet und darin besteht, dass der Film sein eigenes Narrativ verunmöglicht, indem er den Erzähler schon zu Beginn für tot erklärt. Der erste absurde Satz des Films lautet: „Am 21. September 1945 bin ich gestorben."

Wie kann ein Toter erzählen? Wie kann er am Tag der Kapitulation sterben? Tatsächlich sehen wir Seita, den Protagonisten, in einer Ecke des Bahnhofs, ausgemergelt, im Schmutz sterben. Im Anschluss wird die tragende Frage des Films von einer Putzkraft formuliert: „Wir können ihn doch nicht liegen lassen, die Amerikaner kommen doch gleich." Es ist die grundlegende Formel der Diskriminierung, nämlich die Wirkung, den Schein über die Faktizität von Leben und Sterben und damit die Frage des Territoriums zu stellen: Darf er leben und sterben an diesem Ort oder ist er wie Dreck, den man beseitigen muss?

Wo befindet sich also der Ort des Erzählers, wenn er bereits gestorben ist? Geist wäre das Wort, das noch am ehesten die Erzählposition greift – aber selbst dies täuscht nur über die Absurdität hinweg. Es ist ein Bruch eingeleitet, der eine dramaturgische Versöhnung verweigert, denn das Ende war schon gewesen, es wurde schon erzählt: es gibt keine mögli-

che Utopie, kein Problem oder Hindernis für die Jetztzeit des Films. Der Bogen, der geführt wird, ist eine Meditation in das unausweichliche, dass genauso geschehen wird, wie es gekommen ist. Der unvermeidbare Tod zeichnet die exzentrische Erzählposition aus und bestimmt den Film. Es geht aber nicht bloß um den Tod des Protagonisten, sondern auch um das Sterben seiner Schwester und zuletzt seiner ganzen Familie. Es fällt auch auf, dass die beiden Geschwister im Vergleich zu den übrigen Japanern verlottert und dreckig erscheinen. Die Bedeutung dieser Beschmutzung sehen wir an einer diskriminierten Minderheit innerhalb der japanischen Bevölkerungsgruppe: den Burakumin. Burakumin bedeutet wörtlich Sondergemeinde und bezeichnet einen bestimmten Raum, dem diese Bevölkerungsgruppe zugewiesen wird. Die Diskriminierung der Buraku geht zurück auf das Ständesystem der Edo Zeit. Ihre Berufe hatten mit Toten zu tun und dies wurde teils aus Shinto, teils aus buddhistischem Hintergrund für unrein galten. Hier zeichnet sich ein ähnliches Problem der Geschwister ab, die aufgrund der Zerstörung ebenfalls keinen Platz in der sozialen Gemeinschaft finden können und stets ihren Aufenthaltsort wechseln.
Bei den Burakumin führt dies zu einer Eintei-

lung in Hinin, was Nicht-Menschen, und Eta, was so viel wie Viel-Schmutz bedeutet (eine Funktion der Diskriminierung ist auch immer die dauernde Differenzierung innerhalb der exkludierten Gruppe). Diese Verknüpfung von Tod und Schmutz erklärt, weshalb der Schmutz so omnipräsent ist. Der Tod des Protagonisten ist ein Tod, der über das Erzählte hinaus geht: es begründet eine paradoxe inversive Erzählzeit, die in manchen Momenten den Erzählfluss aufbricht und so die Sentimentalität zur Verstörung macht.

Hier begegnen wir wieder der Doppelbindstruktur, auf der einen Seite führt die Diskriminierung zum Heraufbeschwören von utopischen Räumen, dem Heraufbeschwören eines schmerzlosen Ortes; auf der anderen Seite jedoch, wird die Diskriminierung nicht durch den Einzug in den neuen Raum beseitigt, sondern gerade gesteigert. Zuletzt ist die Flucht die Internalisierung der Verbannung.

Was der Film aufdeckt, ist das wesentliche Problem, vor dass uns der Krieg stellt, bzw. die eigentliche Tätigkeit des Krieges. Was in nahezu jedem Konflikt beschrieben wird, ist, dass Nachbar*innen aufeinander losgehen und das soziale Band zerreißt. Die schlimmsten Morde des Krieges geschehen nicht unter Soldat*innen, sondern sie bestehen in der Unterversorgung, in der systematischen Benachteiligung von Bevölkerungsgruppen. *Die letzten Glühwürmchen* bringt dies fulminant zur Sprache, indem es die Erzählposition narrativ exterritorialisiert. Die Figur des Verbannten, des Diskriminierten, ist genauso inner- als auch außerhalb, wie jene Stimme zu Beginn des Films, die im Nachhinein feststellt, bereits gestorben zu sein.

Diese Verwerfung, diese Unmöglichkeit, es überhaupt zu verstehen oder verständlich zu machen, zeigt sich darin, dass der Erzähler sich immer wieder selbst, in einer inversiven Erzählzeit, zuschaut. Als sei das Grauen und der Schmerz derartig deformierend, als bliebe der Seele keine andere Möglichkeit als aus dem Körper der Erzählung zu gehen. Darum ist *Die letzten Glühwürmchen* der beste Antikriegsfilm aller Zeiten, weil er den paradoxen Mechanismus der Diskriminierung aus dem Sozialen ins Narrative überträgt.

Gerade in der aktuellen Situation, zwischen Flüchtlingscamps an den Grenzen Europas, alternativen Fakten und einer grassierenden Epidemie, erprobt sich unsere Solidargemeinschaft. *Die letzten Glühwürmchen* führt uns eine exemplarische Situation vor – sogar noch mehr als das, da die Buchvorlage eine Autobiografie darstellt–, welche Verstörung uns erwartet, wenn wir aufhören, füreinander Sorge zu tragen.

FRAU OYU

von
Kenji Mizoguchi
(1951)
Lukas Röder

お遊さま [Oyû-Sama]
PRoduktionsland: Japan
Produktionsgesellschaft: Daiei Film
Drehbuch: Yoshikata Yoda, Jun'ichirô Tanizaki (Romanvorlage The Reed Cutter - Ashikari)
Produktion: Masaichi Nagata
Kamera: Kazuo Miyagawa
Szenenbild: Hiroshi Mizutani
Kostümdesign: Shima Yoshizane
Schnitt: Mitsuzô Miyata
Soundtrack: Fumio Haysaka
Darsteller*in: Kinuyo Tanaka, Nobuko Otowa, Yûji Hori

DVD von TRIGON FILM (www.trigon-film.org) für 19€ erhältlich.

35MM, Schwarz-Weiß, 94 Min.

Mir passiert es häufig, dass ich über eine einzelne Szene stolpere in einem Film oder einer Serie, eine Szene, die mich, zumindest jetzt zu Corona-Zeiten, vor meinem Laptop in Jubel ausbrechen lässt, weil ich sie als so großartig empfinde. Manche Szenen sind in mein Hirn gebrannt und ich rätsele jahrelang, was es genau ist, das mich so an ihnen fasziniert und nicht loslässt.

Bei einer Szene, die ich erst kürzlich gesehen habe, weiß ich jetzt schon, dass sie mich die nächsten Jahre über begleiten wird, und ich versuche darzulegen was es ist, was sie unvergesslich macht. Die Szene ist aus dem Film *Frau Oyu* von Kenji Mizoguchi.

Der Film erzählt eine Dreiecksgeschichte. Ein Mann namens Shinnosuke, soll heiraten und ihm wird eine Frau mit Namen Shizu zur Heirat vorgeschlagen. Als Shizu das erste Mal zu Besuch kommt, wird sie von ihrer Schwester Oyu begleitet. Der Mann, Shinnosuke, kann seinen Augen nicht trauen und verliebt sich prompt in Oyu, also in die Schwester der Frau, die er eigentlich heiraten soll. Auch Oyu verliebt sich in Shinnosuke. Das Problem ist, Oyu ist verwitwet und darf nach den damaligen Gepflogenheiten nicht mehr heiraten. Ihre Schwester wiederum hat gemerkt, dass sich die beiden verliebt haben und will nichts mehr, als ihre Schwester glücklich sehen. So stimmt sie der Heirat mit Shinnosuke zu, damit sich die beiden Verliebten - Oyu und er - doch irgendwie nah sein können. Oyu und Shinnosuke kommen sich daraufhin, nach der Heirat zwischen Shizu und Shinnosuke, immer wieder recht nah, zum Beispiel kitzeln sie sich in einem Restaurant so sehr, dass die Kellnerin denkt, die beiden wären verheiratet. Eine Qual für Shizu. Die Szene, die ich betrachten möchte, passiert nach diesem Restaurantmissverständnis.

Was mich nicht loslässt, ist die außergewöhnliche Kombination aus Kamerabewegung und Staging, also wie die Figuren im Raum positioniert sind und wie sie sich bewegen. Und die Art und Weise wie diese Kombination dem Ausdruck verleiht, was zwischen den Figuren passiert. In der Szene gibt es zwei Figuren. Shizu und Shinnosuke. Shizu ist nach dem Missverständnis im Restaurant traurig und bedrückt und hat sich allein in ein Wäldchen am Seeufer zurückgezogen. Shinnosuke folgt ihr und tritt zu Beginn der Szene von rechts in das Bild, das bisher lediglich die Natur zeigt: einen See im Hintergrund und ein paar Sträucher im Vordergrund. Er geht in die Tiefe des Raums und die Kamera folgt ihm zunächst mit einem Schwenk.

Darauffolgend etabliert sich eine Inszenierung, die mich sprachlos macht. Es sind kurze Kamerafahrten nach rechts, die sich in ihrer Länge unterscheiden, 5 Stück an der Zahl. Nach jeder Fahrt gibt es einen Moment des Innehaltens, einen Moment, in dem die Figuren sprechen. Die Länge der Kamerabewegungen verändert sich. Die zweite ist länger als die erste, die dritte länger als die zweite, die vierte wieder kürzer als die dritte und die fünfte wieder länger als die vierte. Jede Kamerabewegung ist ein neuer Anlauf. Shinnosuke versucht etwas aus Shizu herauszubekommen. Er will wissen, was sie belastet. Und mit jeder Bewegung versucht er es aufs Neue. Mit jeder Bewegung ein neuer Versuch an Shizu heranzukommen, sie dazu zu bewegen, ihm zu sagen, was los ist. Nach der ersten Bewegung taucht Shizu tief im Raum auf, mit dem Rücken zu uns gewandt. Sie reagiert nicht auf Shinnosuke, gibt sich naiv. Mit der zweiten Bewegung dreht sie sich und kommt in die Nähe der Kamera gelaufen, so dass wir uns in einer Halbnahen befinden. Shizu reagiert nicht auf Shinnosukes Fragerei, bleibt stumm und geht weiter. Mit der dritten Bewegung kommt sie noch näher gelaufen, so dass die Bewegung in einer Nahen mündet. Jetzt geht Shizu zwar auf Shinnosuke ein, antwortet aber ausweichend, gibt nicht preis was sie bewegt. Mit der vierten Bewegung läuft sie wieder weg von der Kamera, dreht sich mit dem Rücken zu uns und bleibt leicht eingedreht stehen. Jetzt formuliert sie das erste Mal ihre Ängste. Mit der fünften Bewegung läuft sie weiter weg, bis sie weit entfernt ist und kauert sich auf den Boden. Dann gibt sie sich endlich preis. Shinnosuke folgt ihr bei jeder einzelnen dieser Bewegungen. Er folgt ihr physisch, versucht physisch in ihre Nähe zu kommen, wie er auch versucht, mit Worten in ihre Nähe zu kommen. Wie die Kamera. Mit jeder Kamerabewegung ein neuer Versuch: „Was hast du?", „Wie fühlst du wirklich?",

Shizu weicht aus. Dann der nächste Versuch: „Willst du, dass unsere Ehe wahr wird?" Shizu sagt nichts. Dann der nächste Versuch: „Wenn ja, können wir Oyu als deine Schwester annehmen." Er versucht also dem Problem auf den Grund zu kommen, er versucht herauszufinden was es ist, das Shizu belastet, Bewegung für Bewegung ein neuer Versuch. Shizu entgegnet: „Mach einfach meine Schwester glücklich, meine Gefühle haben sich nicht geändert." Wieder weicht sie gewissermaßen aus. Es folgt die nächste Kamerabewegung, die nächste Bewegung der Figuren und ein nächster Versuch Shinnosukes, Shizus Gefühlswelt auf den Grund zu kommen: „So scheint es mir nicht", sagt Shinnosuke. Er weiß, eigentlich geht es um etwas anderes. Wieder läuft Shizu weg, wieder fährt die Kamera, wieder läuft Shinnosuke hinterher. Und jetzt, wo Shizu ganz weit entfernt von uns auf den Boden gekauert ist, sagt sie endlich, was los ist: „Ich habe einen Wunsch, wie deine kleine Schwester behandelt zu werden. Bitte weise mich nicht zurück." Es hat vier Versuche gebraucht. Vier Mal nachbohren. Vier Mal die Kamera nach rechts fahren lassen. Dreimal die Figuren näher an die Kamera heran bewegen und zweimal die Figuren von der Kamera wegbewegen. Vier Versuche, in die Seele einzudringen und beim fünften ist es so weit. Beim fünften Versuch, bei dem Shizu, weit entfernt von der Kamera platziert, so zusammengekauert ist, dass ihre Körpersprache eigentlich schon alles sagt, gesteht sie ihren Wunsch. Ihre Bewegung im Raum über den Verlauf der Szene verdeutlicht auch ihre innere Bewegung. Sie sträubt sich davor sich preiszugeben. Sie sträubt sich das zu sagen, was sie im Inneren bewegt. Je mehr sie sich windet, je mehr Druck Shinnosuke aufwendet, umso näher kommt sie der Kamera. Die Spannung steigert sich. Und dann, wenn sie bereit ist, sich preiszugeben, entfernt sie sich wieder, damit wir noch mehr suchen müssen, nach ihren Emotionen, nach ihrer Wahrheit, nach dem, was auch Shinnosuke so unbedingt erfahren möchte.

Ich versuche mir natürlich, einen Reim darauf zu machen. Und frage mich, warum Mizoguchi die Szene auf diese Art und Weise aufgelöst hat. Ich persönlich bezweifle, dass es nur um Schönheit oder eine besonders kunstvolle Handhabung der Szene geht. Für mich drückt die Auflösung das aus, worum es in der Szene wirklich geht. Es geht darum, Shizus Gefühlsleben auf den Grund zu kommen. Kamerabewegung und Staging machen genau das, wenden die gleichen Techniken an, die auch Shinnosuke verbal und physisch anwendet. Beide tasten sich ran. Immer aufs Neue. Beide verfolgen Shizu, so lange, bis sie sich emotional öffnet. Beide versuchen, Shizu zu exponieren. Shinnosuke will Shizu begreifen, genau wie wir als Zuschauer*innen sie begreifen wollen. Und wir wollen sie begreifen, weil Kamera und Staging uns gewissermaßen zu Shinnosuke machen. Sein Drängen auf uns übertragen. Mit ihm dürfen wir uns an Shizu herantasten und mit den Kamerabewegungen in Shizus Wesen eindringen. Es ist fast unheimlich, wie schlüssig die Szene ist.

Staging und Kamerabewegung sind so klar, dass wir die Worte eigentlich nicht mehr brauchen. Shizus Positionen und Körperhaltung zeigen glasklar, was in ihr vorgeht. Genauso klar wird Shinnosukes Drängen, lediglich dadurch, wie er ihr physisch im Nacken sitzt. Die Kamerabewegung, die Bewegung der Figuren im Raum und ihre Körpersprache erzählen uns alles, was wir wissen müssen.

A SINGLE MAN

von
Tom Ford
(2009)
Lavina Stauber

A Single Man
Produktionsgesellschaft: Fade to Black, Depth of Field, IM Global
Drehbuch: Tom Ford, David Scearce
Produktion: Tom Ford, Andrew Miano, Robert Salerno, Chris Weitz
Kamera: Eduard Grau
Szenenbild: Dan Bishop
Kostümdesign: Arianne Philips
Schnitt: Joan Sobel
Soundtrack: Abel Korzeniowski, Shigeru Umebayashi
Darsteller*in: Colin Firth, Julianne Moore, Nicholas Hoult, Matthew Goode

DVD erhältlich über Mediamarkt (mediamarkt.de) ab 8,80 €.
Online Stream bei Google Play für 2,99 € und auf Amazon ab 3,99 € möglich.

35mm, Farbe / Schwarz-Weiß, 99 Min.

Die schwarze Leinwand verblasst zu einem grauen Blau. Luftblasen umspielen nackte Füße und Hände, die zur Oberfläche drängen. Ein Männerkörper treibt, noch ruhig, unter Wasser, und durch das trübe Nass kämpfen sich Lichtstrahlen. Die Musik nimmt Raum ein und weckt in diesem ersten Bild die Assoziationen von Geburt und Ursprung des Lebens, bis wir den schmerzverzerrten Ausdruck auf dem Gesicht des Mannes erkennen können: Georg, 52, beginnt sich, auf der Suche nach Atemluft, gegen das Wasser zu wehren.

Die Erinnerung an einen Unfall übertönt die Unterwasserszene. Die Streicher werden lauter, um gegen das laute Quietschen der Reifen, das Versagen der Bremsen anzukommen. Lautlos tritt Georg an den verunglückten Wagen heran, der überschlagen hinter einer abgelegenen Böschung zum Erliegen kam. Er schreitet aufrecht und beherrscht durch den Schnee, der stetig fällt, legt sich neben den Verstorbenen in den Neuschnee und drückt dem Toten einen letzten Kuss auf die Lippen. Dann reißt ihn das schnelle Schlagen seines eigenen Herzes aus seinem Traum:

„Waking up begins with saying am and now."

A Single Man ist die filmische Adaption der gleichnamigen Erzählung von Christopher Isherwood und das Debüt des Modedesigners Tom Ford. Im zeitlichen Ablauf eines Tages und der anschließenden Nacht wird Georg vorgestellt. Der in die Jahre gekommene Universitätsprofessor lebt in den 60er Jahren, zur Zeit des kalten Krieges, in Amerika.

"For the past eight months waking up has actually hurt. The cold realization that I am still here slowly sets in."

Ein Tintenfleck auf Georgs weißem Lacken und die sauber aufgereihten Briefe am Fußende des Bettes legen nicht nur den Ordnungszwang der Figur offen, sondern auch seinen Plan, abzuschließen. Mit dem Leben. Er drückt sich die noch feuchte Schreibtinte an seinem Finger auf die Lippen, als Erinnerung an den Kuss, den er so schmerzlich vermisst.

Georgs Leben hat durch den Tod seines Partners seinen Sinn verloren und Georg möchte es beenden. Aber an diesem Tag, der mit der geordneten Routine eines gewöhnlichen und doch letzten Tages beginnt, erscheint ihm sein graues Leben lebendiger denn je. Tom Fords

A Single Man ist eine Liebesklärung an das Leben eines verstaubten Einzelgängers, der in den ersten Filmminuten in der Zukunft nur den Tod sieht:

"Only fools could possibly escape the simple truth that now isn't simply now: it's a cold reminder. One day later than yesterday, one year later than last year and that sooner or later it will come."

Dass dieses Leben gerade vor dem Hintergrund des Todes scharf gezeichnet und kraftvoll erscheint, macht sich in der Detailliertheit der Bilder und der Überzeichnung dieser bemerkbar. Der erzählte Tag ist aufgrund genauer Uhrzeitangaben zeitlich streng gegliedert. Erst zum Ende hin bemerkt Georg treffend: „My watch seems to have stopped." Die Szenen sind bereits im Drehbuch exakt beschrieben und in unzähligen Details aufgelöst, als befürchte der Film, auch nur eine beiläufige Schönheit des Lebens vergessen zu haben.

„One must always appreciate life's little gifts."

Und doch beschreibt *A Single Man* keine Außergewöhnlichkeiten, vielmehr bemüht sich die Erzählung besonders gewöhnlich zu sein: Georg sitzt auf dem Klo, als er seine Nachbarn beobachtet, in seinem Glashaus gibt es nur tiefgefrorenes Brot, und um das Telefon noch anzunehmen, muss er mit heruntergelassener Hose aus dem Bad kommen. Das Außergewöhnliche wird durch die Skurrilität der Inszenierung und die Intensität des Erlebten erzeugt.

Die Dialoge, durch das Alltägliche gerahmt, besprechen die menschlichsten Gefühle und stehen für sich allein als kleine philosophische Diskurse. Georg fasst an seinem letzten Tag das Leben in seinen Begegnungen, Ängsten, Hoffnung und Lieben zusammen. Ihm gelingt, das, was er gewollt ist, hinter sich zu lassen, für sich neu zu entdecken.

Die Erzählung entfernt sich nicht von Georg und seinem Tagesablauf. Sie wagt sich nur vereinzelt in seine Erinnerungen. Und doch stellt *A Single Man* an einem Tag nicht nur einen Einzelgänger, sondern durch ihn das Leben selbst vor. Georgs Wünsche und Ängste, seine Bedürfnisse und Gedanken stehen stellvertretend für das, was man das Menschliche nennen könnte.

„And just like that it came."

Impressum

Revü - Flugblatt für Cinephilie
Ausgabe 2, April 2021

Die Redaktion ist wirtschaftlich
und inhaltlich unabhängig.

Herausgeberinnen
Sarah Daisy Ellersdorfer
Carlotta Wachotsch

V.i.S.d.P.
Carlotta Wachotsch

Anschrift
Wachotsch
Revü GbR
Herzogstandstr.9
81541 München
revuheft@posteo.de

Gestaltung
Lili Paula Avar

Lektorat
Maria Kimmel

Druck
medialis Offsetdruck GmbH
Sportfliegerstr.7
12487 Berlin

Bestellung unter
www.revu-heft.de/hefte

ISBN: 978-3-9823086-0-9

Die verwendeten Bilder (Screenshots aus den Filmen) unterliegen dem Zitatrecht und sind ihren jeweiligen Essays zuzuordnen.
© Revü, Flugblatt für Cinephilie 04.03.2020